LÉON FAUTRAT

LA PRINCESSE MARIE D'ORLÉANS

ET

L'Alliance Russe

SENLIS
IMPRIMERIE E. VIGNON FILS

1916

Léon FAUTRAT

LA PRINCESSE MARIE D'ORLÉANS

ET

L'Alliance Russe

SENLIS

IMPRIMERIE E. VIGNON FILS

—

1916

PRINCESSE MARIE D'ORLÉANS

La Princesse Marie d'Orléans

ET

L'ALLIANCE RUSSE

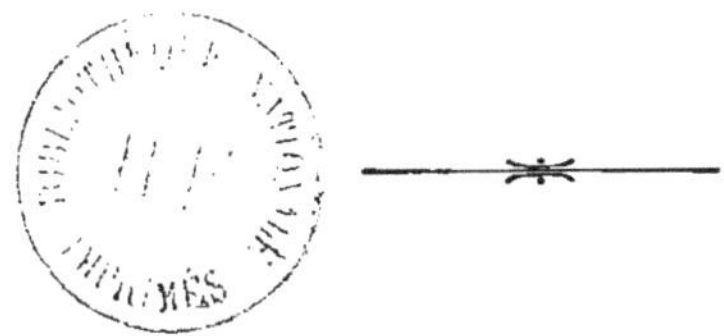

———— ✳ ————

Les Russes ont débarqué à Marseille. Ils demeurent au camp, et demain ils seront au front. Sur leur drapeau sont inscrits les noms d'Erzeroum et de Trébizonde. En Bukovine, ils continuent leur immense action. Chevaleresques dans l'épreuve comme dans leurs succès, ils viennent apporter en France le gage de leur loyauté. Nous avons tiré l'épée pour soutenir les Slaves. Ils ne remettront l'épée au fourreau que lorsque la barbarie sera terrassée. Verdun a vu les assauts de l'ennemi, leur feu grégeois, leur orgueil dément. L'héroïsme de France s'est dressé là contre ces hommes de Bas-Empire. Il a résisté et c'est le commencement de l'affirmation si nette du général Pétain, en son ordre du jour : « On les aura ». On les aura, comme les Russes, nos vaillants alliés, ont eu les Turcs en Arménie, et la France et la Russie scelleront leurs amitiés, comme elles ont créé l'Alliance dans l'intimité de deux âmes, française et slave, la princesse Marie d'Orléans et le Czar, à la cour du roi de Danemark. En mémoire de cette alliance sacrée, qu'il soit permis de mettre en regard la simplicité et la maîtrise de celle qui a contribué à la former.

La princesse Marie d'Orléans naquit en Angleterre. Dans son berceau, se trouvait, au milieu des roses, la croix de l'exil, que supportait avec tant de dignité sa royale famille. A vingt ans, la Princesse épousa le Prince Waldemar de Danemark. Cette union était en harmonie avec les sentiments français, souffrant les mêmes douleurs que le Danemark, ayant reçu la même blessure nationale. La Princesse, tous les ans, venait au château de Saint-Firmin, chez Monseigneur le Duc de Chartres. Le mois de juillet était le mois choisi par elle pour donner à son oncle affectionné, le jour de la Saint-Henri, le témoignage de son attachement si profond. La Saint-Henri était la fête régionale. Mgr le Duc d'Aumale recevait à sa résidence, dans le joli Hameau du Parc, tous ceux qui, dans le pays, lui avaient voué une sympathie très respectueuse. Ce jour-là, le village champêtre avait en mouvement toutes ses industries. Le moulin laissait aller sa roue au courant de la rivière, le bruit des cascades se mêlait au battement des eaux ; chacun se groupait autour du Prince, et la Princesse Marie faisait, avec sa grâce, les honneurs de la réception. La Princesse revenait à Chantilly aux chasses. La prise du cerf était le moment des échanges aimables, et la Princesse se prodiguait à tous. Une étonnante bonté, une élégante simplicité sont de tradition dans la famille royale. Son départ pour Copenhague laissait après elle les plus vifs regrets. A Chantilly, la Princesse avait pris son repos, au Danemark elle reprenait ses devoirs. Tous les ans, aux expositions, son talent rappelait son souvenir, et elle jetait avec éclat ses jolies fleurs sur la belle route de France.

Nous avons, en quelques mots, montré ce qu'était en France la Princesse Marie, une charmante figure française, ayant l'engouement de la race, l'envolée du cœur, le culte de ses pères. Voyons ce qu'elle fut au Danemark. Le livre de Johannes Hoeck nous édifie à ce sujet.

La Princesse, dit l'auteur, était le modèle de la compréhension, de la charité et du pardon. On ne peut mieux résumer les qualités dominantes de la Princesse Marie : l'intelligence, le cœur, les mouvements de l'âme. La Princesse, en parlant de son jeune âge, dit, sur l'enfance, des choses exquises. « Les premiers moments de l'enfance, dit-elle, se passent dans les ténèbres. On voit les choses dans une lueur confuse. C'est dans ces brouillards que je naquis, près de Londres, dans notre exil. De ce brouillard émergent deux nobles figures : mon père, un seigneur un peu sévère, ma mère, une dame d'une grande grâce, que personne ne pouvait contrarier. Mes parents m'aimaient beaucoup. Je leur rendais leur affection ; j'aimais bien aussi, je me le rappelle, les serviteurs de mon père, un grand zouave, et notre cuisinière, qui me gâtaient beaucoup. Il survint une petite sœur ; on me la présenta comme une poupée vivante. A ce moment, je ne vis plus dans mon père un aspect un peu sévère, je l'aimais beaucoup. Après la guerre de 1870, mon père fut nommé colonel à Lunéville ».

Ce fut le moment le plus heureux de l'enfance de la Princesse, et dans son foyer militaire, elle conçut toute jeune la haine de l'ennemi de la France. Le séjour que la

Princesse fit au couvent ne lui laissa pas de grands souvenirs : l'exercice en plein air, la chasse, la pêche, l'attiraient davantage.

L'union de la Princesse avec le Prince Waldemar fut toute de sentiment. Le Prince était allé visiter à Amsterdam L. A. R. le Duc et la Duchesse de Chartres. La charmante Princesse lui plut beaucoup ; les fiançailles s'ensuivirent, et le mariage consacra cette union de sentiment.

L'entrée du couple royal se fit à Copenhague en 1885, au milieu de toute une population heureuse d'accueillir la fille d'un peuple ami et la femme d'un Prince très populaire. Des querelles de partis et de grands mouvements agitaient la Cour de Danemark. La Princesse voyait tout cela et se faisait cette réflexion : « Tout comme chez nous ! »

La Princesse, en toutes circonstances, se montra très attachée à la Reine, et, quand celle-ci fut malade, elle l'entoura de toute la tendresse de son dévouement.

La figure de la Princesse à la Cour de Danemark est burinée comme le sont les figures de toutes les Princesses de France : un très grand air, une âme aux grandes idées, aux larges vues, une simplicité qui toujours est le reflet de la grandeur. L'aristocratie se montrait quelquefois étonnée des contrastes que présentaient l'épanouissement d'une nature si française et les coutumes danoises. Tous se rencontraient dans cette pensée que la Princesse demeurait l'enfant de cœur de la Cour. Elle était aussi l'enfant de cœur des pauvres, des malheureux. Noël était le jour de ses grandes libéralités, et dans les moments de sa terrible maladie, elle avait pris soin que chaque famille visitée par elle eût le canard habituel, dans le bec duquel était placé le billet de secours. Ce fut l'Impératrice douairière de Russie qui fut chargée d'exécuter les volontés de la Princesse quand elle n'était plus.

Ceux qui pratiquent l'exercice de la charité s'entendent souvent dire : « Les personnes secourues n'en sont guère dignes ». La charmante Princesse eut souvent l'écho de ce reproche. Elle répondait tranquillement : « J'applique ma devise : Tout savoir et tout pardonner ». Elle savait bien tout, car sa visite dans les quartiers les plus pauvres et les plus misérables était sa tâche quotidienne. Les ventes de bienfaisance étaient pour elle une véritable campagne de charité. Le jour de la vente, exténuée par les fatigues d'une préparation de chaque heure, elle était à son comptoir. Le bal qui suivait la retrouvait au premier rang, et quand il lui arrivait de retrouver dans sa recette 1.800 kroner, il ne restait plus de sa fatigue que la satisfaction de voir tant de biens assurés.

La Princesse s'inclinait vers toutes les misères. En 1902, elle soigna, avec la plus grande sollicitude, le vieux roi Kristian, au château de Rumskoff.

Aux qualités du cœur, la Princesse joignait un grand sentiment chevaleresque et de devoir. De nombreuses anecdotes en témoignent. A un bal de la Cour, une dame hautaine avait fait sentir à une personne de situation plus modeste, la distance qui les séparait. La Princesse l'apprit et s'empressa de donner une réparation éclatante à la blessure reçue.

La Princesse avait l'habitude de circuler seule dans les rues du Danemark, toujours respectée. Le peuple avait pour elle, disait le prince Waldemar, une vraie affection. En rentrant chez elle, un jour de manifestation socialiste, elle se trouve un moment au milieu des manifestants. L'un d'eux, la reconnaissant, se découvre aussitôt, en

disant : « Voilà la Princesse Marie, nous la saluons tous ».
Et tous les compagnons saluèrent.

La Princesse, tout entière au devoir, s'était attachée à
sa nouvelle patrie, en restant bien fidèle à celle que ses
aïeux avaient édifiée de leurs mains. Toute jeune, elle
avait été initiée aux traditions de la famille royale, élevée
dans le lieu d'exil où résidaient ses parents, nourrissant
son âme de leurs idées supérieures, grandissant dans ce
milieu où le Comte de Paris, le Duc d'Aumale, le Prince
de Joinville lui apprenaient à connaître la résignation et
le devoir. Elle pensait tout haut, le cœur sur les lèvres.

La Triplice fut suivie d'efforts pour former l'Alliance
Russe. Les sympathies de la Princesse étaient naturelle-
ment pour cette idée. L'Empereur n'avait pas encore pris
de parti. Dans les séjours qu'il faisait à la Cour de
Danemark, il connut la Princesse Marie. Il fut bien vite
sous le charme de sa personne, de sa bonté, de sa franche
gaieté. La Princesse lui avait révélé la France. Il se mit
à l'aimer. Dans les promenades qu'ils faisaient tous les
deux dans la ville, dans les environs, les choses de France
étaient toujours mises à jour. L'Empereur eut la vision
de tout ce qu'avait de grand et de généreux la noble
blessée. Dans l'une des promenades où l'Empereur était
de plus en plus entraîné vers la France, la Princesse eut
la pensée de se faire photographier avec l'auguste visiteur.
Tous les deux entrèrent chez un modeste photographe
qui, reconnaissant les personnages, eut un trouble profond
et se perdit en longueurs. Au souper du soir, la Princesse
raconta son exploit et les causes de son retard.

Le livre que nous avons analysé nous a appris qu'à la
Cour de Danemark, la Princesse avait, par son charme,
conquis l'affection de sa nouvelle patrie.

Dans son mal, étant alitée, elle s'était levée pour se pencher vers la Princesse Marguerite, qui souffrait comme elle, et de sa voix douce, elle lui avait dit : « Que Dieu te bénisse, ma fille ! »

Nous disons, à notre tour, que Dieu, là-haut, vous bénisse, Princesse, pour vos envolées si françaises.

Les sentiments de devoir qui encadrèrent tous les actes de la Princesse avaient, au plus haut degré, leur répercussion dans sa vie intime. Vivant dans un pays protestant, elle demeurait catholique pratiquante, protectrice de toutes les institutions catholiques et l'amie des religieuses de Saint-Joseph. Après la mort de Léon XIII, elle se fit télégraphier, à Rumskoff, le résultat du Conclave. Elle s'empressa d'envoyer son télégramme de félicitations au nouveau Pape. La réponse fut celle-ci : « Mille remerciements, Altesse Royale. Ma bénédiction papale à ma fille, Pie X ». La dépêche venant directement du Saint-Père, et la bénédiction envoyée avec les remerciements, firent une profonde impression sur l'âme de la Princesse. Elle avait si grand cœur ! Sa tendresse pour ses enfants en témoigne. Peu de temps avant sa cruelle maladie, elle recevait, dans son cabinet de travail, un diplomate. Elle était dans une grande mélancolie. Le Prince et ses fils avaient pris la mer. Elle traduisit sa tristesse par la même phrase qui fut le cri du cœur du Prince Waldemar à son retour : « Cette maison est si vide, et je me sens si seule ».

Si l'on entoure tous ces souvenirs des œuvres d'art de la Princesse Marie, on peut dire que sa vie n'a été qu'un printemps fécond, entourée de fleurs qu'elle aimait à peindre, en préparant l'avenir qu'elle avait entrevu. Elle fut, pour son beau-frère Alexandre III, la grande conseillère, opposant à toutes les intrigues son admirable volonté et son violent amour de la France. A Copenhague, le monument élevé à sa mémoire redit l'affection vraie de tous ceux qu'elle a quittés.

L'Alliance Russe nous rappellera toujours celle qui eut le cœur si français et l'âme si élevée.

Léon FAUTRAT.

Senlis.